Afrika Sangare

Poèmes de la Terre et du Ciel suivi d'une Chanson d'Amour

Afrika Sangare

Poèmes de la Terre et du Ciel suivi d'une Chanson d'Amour

Éditions Muse

Imprint

Cover image: www.ingimage.com

Publisher:
Éditions Muse
is a trademark of
Dodo Books Indian Ocean Ltd. and OmniScriptum S.R.L publishing group

120 High Road, East Finchley, London, N2 9ED, United Kingdom
Str. Armeneasca 28/1, office 1, Chisinau MD-2012, Republic of Moldova, Europe
Printed at: see last page
ISBN: 978-620-4-96574-1

AfrikaSANGARE

Poèmes de la Terre et du Ciel

Suivi de

Une Chanson d’Amour

Sommaire

La vie est trop brève.

Moins nous passerons de temps ensemble,

plus nous laisserons filer de bonheur.

Alexandre Vampilov

1. DES MOTS

Des mots

J'écris

Et je voudrais que

Ces mots

Prennent vie

Et le tour du monde fassent

Pour la joie et le bonheur

A l humanité apporter.

Des mots

J écris

Et je voudrais que

Ces mots

Agencement savant de lettres

Seulement ne soient

Mais que

Force positive pour l'esprit humain

Dans sa quête éternelle de bonheur

Ils soient.

2. ESPOIR

Tu verras

Mon frère

Il viendra un jour

Un jour

Où nous serons bien

Tu verras

Ma sœur

Il viendra un jour

Un jour

Où dans nos cœurs

L amour à la haie prendra la place.

Quand viendra ce jour

Nous sécherons alors nos larmes

Et heureux pour l éternité nous serons.

Le ciel chantera pour nous

Joie dans le ciel

La terre chantera pour nous

Joie sur la terre

Frères et sœurs humains

Enfin unis nous vivrons.

3. MATERNITE

Femme

Neuf mois durant en toi

Tu as porté cet être si fragile

Maintenant il est là

Enfanté dans la douleur

Mais ton cœur est inondé par la joie.

Tes mains de caresses le parcourent

Si douces

Si balsamiques

Et au rythme d'une berceuse

Tu le cajoles :

Ne pleure pas

Mon enfant chéri

Ne pleure pas

Dodo ne viendra pas t'emporter

Car ta mère est auprès de toi

N'aie pas peur

Mon enfant chéri

N'aie pas peur

Dodo ne viendra pas t'emporter

Car ta mère sera toujours avec toi

Dors

Mon enfant chéri

Dors en paix

Dodo ne viendra pas t'emporter

Car ta mère nuit et jour veillera sur toi.

Tu es source de vie

O femme

Tu es vie !

4. LE VOYAGE

Je m'en vais

Aujourd'hui même

Demain peut-être

Pour un jour ou

Pour un mois

Pour un an ou

Pour l'éternité

Je m'en vais

Peut-être que je reviendrai

Peut-être que je ne reviendrai pas

Nul ne le sait

Ni vous

Ni moi

Ni personne

Je m'en vais

Si un jour je reviens

Qu'on donne une fête

Pour mon retour à tous annoncer

Si je ne reviens pas

Qu'aussi dans un air de fête

A ma dernière demeure on me conduise.

5. REJOUISSANCE

Danse Fannaram

Danse Kaléram

Danse Magaram

Dansez jeunes femmes

Dansez pour la joie

Dansez

C'est la fête aujourd'hui

Digaji bat la mesure et

Chétima Ganga de son *algaita*

Tire des notes inimitables.

Danse Aissagana

Danse Guirguidi

Danse Kawagana

Dansez jeunes gens

Dansez pour la joie

Dansez

C'est la fête aujourd'hui

Digaji bat la mesure et

Chétima Ganga de son *algaita*

Tire des notes inimitables.

Dansez

Grands et petits

Dansez

Hommes et femmes

Du matin jusqu'au soir

Dansez pour la joie

Du soir jusqu'au matin

Dansez pour la vie

C'est la fête aujourd'hui

Dansez

Et vous musiciens

Jouez

Jouez jusqu'à plus que fatigue.

6. POEME POUR UN MONDE MEILLEUR

Regarde ce chemin tortueux

Et semé d'embûches

Qui devant toi s'étend

Emprunte-le

Avant qu'il ne soit trop tard

Car à la vérité il mène

Il sera pénible certes

Mais ne te décourage point

Ferme tes yeux

Et ne regarde rien d'autre

Bouche tes oreilles

Et n'écoute rien d'autre

Seulement de ta raison use

Et tu sauras

Ce qu'est l'amour tu sauras

Ce qu'est la vérité tu sauras

Alors plus jamais

Sur cette terre

Malheureux tu ne vivras.

7. CHANT MATINAL

Le matin se lève

De lumière et d'obscurité

De joie et de peine

D'amour et de haine

Aucune ride ne parcourt

Le visage serein du ciel bleu

Si bleu

Emportés au loin par l'écho

Des cris

Des pleurs

Des rires

Diversité complexe de sons

Un âne brait

Un chien aboie

Un enfant vagit

Une vache mugit

Une poule caquète

Le matin est là

Une brise légère dans l'espace plane

Seigneurs des airs

Les oiseaux un spectacle réjouissant offrent

Le matin s'est levé

Tout est beauté

Tout respire la vie.

8. NIAMEY

La nuit plonge sur la ville

Astres artificiels

Les lumières s'allument

Blanches, bleues, rouges, vertes

Niamey !

De ma fenêtre

Je perçois les bruits de moteurs

Proches ou lointains

Graves, aigus ou lourds

Et je regarde l'incessant ballet de véhicules

Grands et petits

Multicolores

Dans l'éclaboussement de leurs feux

Niamey !

La féerie du Pont des Martyrs enjambant

Tel un monstre surgi de la nuit

Issa le fleuve majestueux et infatigable voyageur

Emplit mon esprit

Et dans un autre monde m'emporte

Niamey !

Aux abords des routes

Les petits vendeurs s'installent

Les débits de boisson font leur plein de clients

Les amoureux bras dessus bras dessous

Sous la protection d'Isis devisent

Et dans ma solitude

Je me sens avec eux

Comme tu me colles à la peau

Niamey !

9. LA BETISE HUMAINE

Des hommes

Pour un lopin de terre

Ou au nom d'une ambition inavouable

Enfileront des tenues de combat

Et entre les mains

On leur mettra des fusils, des cartouches et des grenades

On leur ordonnera : ''Allez-y !''

Alors sur leurs frères et sœurs

Ils marcheront

Ils useront de la baïonnette et de la crosse

Des balles siffleront

Et des humains tomberont

Des bombes exploseront

Et tels des fétus de paille

Des maisons en fumée partiront

Le sang inondera les rues

Des femmes seront violées

Des enfants seront égorgés

La paix s'enfuira

La joie disparaitra

Et sur la cité s'installeront

La désolation

La destruction

La mort.

10. LE MALAISE

O Dieu
Comment se peut-il ?
Il y a des êtres
Qui se croient chez eux
Sur la terre des autres
Il y a des êtres
Qui ont le mal de vivre chez eux
Comment se peut-il
O Dieu ?
Il y a des êtres
Qui voient cela et
Qui se taisent
Il y a des êtres
Qui savent cela et
Qui le nient
Combien de temps
Cela durera-t-il
Pour combien de temps encore
Un peuple restera-t-il
Sur sa terre étranger ?

11. HYMNE POUR LE TERROIR

Des notes dans l'espace

Des notes d'*algaita*

Au cœur du Kanem-Bornou

Me souhaitent la bienvenue

Quand résonneront

Bala et *gunda*

Kumbi et *biram*

Au bord de la Komadougou

Je sémerai des céréales

J'entretiendrai des jardins

Dans les *ngor* du Mangari

Je ferai reverdir le désert du Tal

Et sur le Lac Tchad

A la pêche j'irai

Magaram sera là

Tchiroma sera là

Tous seront avec moi

Je serai avec tous

Et nous travaillerons

Nous récolterons

Ensemble.

12. RENCONTRE

Toi et moi

Nous sommes frères

Nous sommes comme

Les doigts d'une même main

Peu importe que je sois

Moi

De teint foncé

Et toi

De teint clair

Peu importe que je parle

Moi

Fulfulde, Kanori ou *Tamajaq*

Et toi

Hausa, Zarma ou *Gulmance*

Toi et moi

Nous sommes frères

Nous sommes comme

Les doigts d'une même main

Lorsque nos haines et passions

Nous aurons enterré

De ce juste et difficile combat

Nous édifierons

Une nation nouvelle

Une nation d'amour et de fraternité

Une nation de paix.

13. PAROLES DE SAGESSE

Tu m'avais dit
Lorsque pour la première fois
Nous avions fait connaissance
Pour t'enivrer
Bois ton *burkutu,* ami
Et ne te demande pas
S'il est bon ou s'il est mauvais
Pour aimer
Ouvre ton cœur, ami
Et ne cherche pas à savoir
Si c'est bien ou si c'est mal
Pour être heureux enfin
Prends le temps, ami
De rire de tes joies
Mais aussi de tes peines
Et n'oublie jamais
D'avoir à l'esprit que
Cette vie n'est que
Vaste comédie
Après tout.

14. ODE A L'UNITE

Silence

Hommes et femmes

Jeunes et vieux

Ecoutez ce que dit *l'imzad*

Ecoutez cette complainte du *molo*

Instruments du grand Niger roc sans fissure

Messagers de paix,

Union et solidarité.

Frères et sœurs

Ecoutez la flute qui berce le berger et son troupeau

Ecoutez ce tambour qui exhorte au travail

Ecoutez cette chanson

Chanson d'endurance d'un cœur pastoral

Noce éternelle du berger et de la paysanne

Message d'union,

Glas des rancoeurs.

Debout, Lawali, debout !

Le coq a chanté

Empoigne ta daba

Et sur le sentier reptile

Qui aux champs mène

Engage tes pas.

Debout, Bello, debout !

L'aube arrive

Siffle ton chien fidèle

Et conduis le troupeau paitre

Car féconde est la nature.

Debout, Kiari, debout !

Le jour se lève

Ne te laisse point

Par la paresse envahir

Harnache ton cheval

Et va.

Debout, Kimba, debout !

Le jour est là

Retrousse tes manches

Car l'heure au travail

Doit être à présent.

Debout, Ghoumour, debout !

Il fait jour

Apprête ta caravane

Et sur la route légendaire du sel

Engage-toi.

En avant, grands et petits

Dans les champs

Et sur les chantiers

En avant, hommes et femmes

Dans les ateliers

Et dans les bureaux

Partout

Chantons l'hymne de la paix

Plantons le mât de l'unité,

Seuls gages de notre bonheur

De notre force

De notre grandeur.

15. QUIETUDE

Au bout du chemin

Là-bas

Au milieu des dunes de sable

Un village…

Caquetages de poules

Et cocoricos de coqs

Meuglements de vaches

Et jappements de chiens

Chants d'oiseaux

Et bruits de coups de pilons

Pleurs d'enfants

Et conversations de femmes

Et rires d'hommes

Le jour se lève

Au bout du chemin

Là-bas

Au milieu des dunes de sable

Un village…

Le ciel à l'orient rougit

Par la lueur diurne enfin vaincue

La nuit à tire d'ailes s'enfuit

Le jour s'est levé

Sur les hommes qui vont au travail

Sur les femmes qui vont au puits

Sur les enfants qui vont à l'école

Sur les désoeuvrés de par les rues qui flânent

Sur les petites vendeuses

De *kekena, fankasu* et *koko*

Hélant les clients

Sur les vieillards

Dans des fauteuils bancals assis

Méditant et caressant leur barbe

Sur des écoles coraniques bruyantes

Sur le village

Au bout du chemin là-bas

Au milieu des dunes de sable…

Un village doucement

Comme toujours

S'éveille.

16. REVE INTERROMPU

Il est venu

L'expert

Au fond de ta brousse

Te trouver

Dans le village déserté

Devant les puits asséchés et

Les cours taris et

Il t'a dit :

''Il faut arrêter l'avancée du désert''

Puis en ville

Il est reparti

L'expert

Organiser des ateliers et

Des journées de réflexion

Pour l'opinion publique

Sensibiliser sur ta condition

Des semaines ont passé

Il est revenu

L'expert

Dans une luxueuse voiture à air climatisé

Pour dit-il une étude de terrain

Puis une fois de plus

Il est reparti

L'expert

Des mois ont passé

De nouveau

Il a débarqué et t'a recommandé

Un tout petit peu de patienter car

Il ne restait plus que la signature des accords…

Des années ont passé quand

Il est revenu

L'expert

Avec du matériel et une équipe de travail

Mais toi,

Tu étais de soif et de faim

Mort depuis longtemps

Sans l'avoir attendu.

17. JE N'AIME PAS CETTE AFRIQUE-LA

Je n'aime pas cette Afrique-là
Afrique accrochée aux jupons de
Maman Europe qui la couve
Oncle Sam d'Outre-Atlantique
De quoi le coup tenir lui envoie
Une tonne de sorgho
Deux tonnes de lait en poudre et
Quatre tonnes d'armement
Et vive la vie.
Je n'aime pas cette Afrique-là
Afrique que des experts en affaires africaines
Du matin au soir sillonnent
Des tropiques à l'équateur
D'est en ouest et
Du nord au sud
Avant de lâcher leur diagnostic :
Ici il faut construire
Une centrale nucléaire
Pour que les populations ne meurent
Là il faut installer
Une multinationale – peu importe laquelle –

Pour des emplois créer

Et voilà la solution

Qui n'était pas si difficile que ça

A nos inégalités sociales

A notre misère

A notre sous-développement

O Dieu comme

Je n'aime pas cette Afrique-là !

18. LA VIE

Lorsque ces muscles enfin usés
Ne m'obéiront plus
Et que ces membres
Après tant d'années de loyaux services
Me lâcheront pour de bon
Serai-je encore le même ?
Lorsque ce cerveau
Au terme d'un si intense usage
Des siennes fera
Et sa liberté voudra reconquérir
Serai-je toujours le même ?
Lorsqu'enfin ce corps
De cette substance appelée vie
Sera vidé
Et qu'inanimé au fond d'une tombe
Il reposera pour toujours
De moi que restera-t-il ?
Entre les mains du temps
Nous sommes
Tous
Des jouets insignifiants.

UNE CHANSON D'AMOUR

Viens

Jeune fille

Viens donc pour

Cette chanson écouter :

Quand tombe la nuit

Et que s'assoupit le village

Quand apparaissent les étoiles

Et que monte la lune

Dans le ciel

Quand arrive l'aurore

Et que chante le coq

Quand l'obscurité vaincue s'estompe

Et que point enfin le jour

Toujours dans mon cœur

Tu es

Toujours à toi

Je pense

Viens

Jeune fille

Viens donc pour

Cette chanson écouter :

Si tu t'en vas

Qui me rendra heureux et

Qui me tiendra compagnie

Si tu t'en vas

Qui m'épaulera dans les moments difficiles ?

Reste avec moi

Plutôt

Car de tout est faite la vie

La joie vient et s'enfuit

La tristesse vient et s'enfuit

Un matin on s'éveille

De bonne humeur

Un autre matin on se réveille

D'humeur maussade

Vois-tu,

Mon offense je suis prêt à réparer

Veux-tu ce riche bazin

Qu'au marché j'ai aperçu

Ou ce parfum à l'odeur si enivrante

Ou encore préfères-tu

Une paire de sandales ?

Reste avec moi plutôt

Car si tu t'en vas

Qui restera à mes côtés

Pour les vieux jours ?

Viens

Jeune fille

Viens donc pour

Cette chanson écouter :

Me voici de retour

Une fois de plus

Qu'ai-je à te dire d'autre

Que déjà je ne t'ai dit ?

Souviens-toi

Une fois de plus

Qu'il est quelqu'un

Qui t'aime

Pense de temps à autre

A moi

Et quand un jour

De ce monde je m'en irai

Pour toujours

Qu'il coule de tes doux yeux
Quelques larmes
En hommage à cette si forte affection
Que tu n'as voulu attiser jamais.
Viens
Jeune fille
Viens donc pour
Cette chanson écouter :
Le trouverai-je un jour
Cet amour
Si doux
Si vrai
Que dans ma quête éternelle
De bonheur
Depuis toujours je cherche ?
Je l'ai guetté mais en vain
Dans le *Mangari*
J'ai sillonné
Le *Damagaram* et l'*Air*
Le *Katsina-Gobir* et l'*Ader-Doutchi*
Le *Dendi* et le *Zarmaganda*

Partout

Je suis rentré cependant

Le cœur lourd

Peine et désespoir dans l'âme

Le trouverons-nous un jour

Cet amour

Si doux

Si vrai

Que dans notre quête éternelle

De bonheur

Depuis toujours nous cherchons ?

Viens

Jeune fille

Viens donc pour

Cette chanson écouter :

Pour toi

J'irai de par le monde

A pieds

Je ferai le tour de la terre

J'escaladerai les montagnes et

Je traverserai les déserts

Je nagerai de par les rivières, fleuves et océans

J'irai où tu me demanderas

Pour toi

J'irai cueillir la lune

Et te l'offrir en cadeau

J'irai cueillir le soleil

Et ta chambre réchauffer

J'irai plus loin encore

A travers l'espace intersidéral

J'irai où tu me demanderas

Pour toi

Je chanterai les meilleures chansons et

Je danserai les meilleures danses

Je ferai tout ce que tu me demanderas

Rien que pour toi.

Viens

Jeune fille

Viens donc pour

Cette chanson écouter :

Je te pardonne

D'avoir avec mon cœur joué

Et mon amour foulé au sol mais

Comprenais-tu seulement

A cette époque-là

Que l'amour avec sincérité

Qui dans un cœur brûle

Il n'est rien qui puisse l'éteindre

Il est comparable

A la pureté de l'eau de source et

A l'innocence du nouveau né

Comprenais-tu seulement

A cette époque-là

Que c'est l'amour

Qui nous fait découvrir la joie de vivre

Il nous soutient dans la peine

Et en nous maintient allumée

La flamme de l'espoir

Comprenais-tu seulement

A cette période-là

Que sans l'amour

La vie ne pourrait être

Pour tout cela

Léger est mon cœur

Et je te pardonne.

Viens

Jeune fille

Viens donc pour

Cette chanson écouter :

Dans tes yeux

J'ai regardé

Et je me suis surpris

Pensant et rêvant

De ton visage si charmant

De ton corps si beau

De toi

Dans tes yeux

J'ai regardé

Où une aura me semblait

Irrésistible se dégager

Et prisonnier de l'amour

Depuis ce jour

Je suis devenu.

Viens

Jeune fille

Viens donc pour

Cette chanson écouter :

Que puis-je

A ton propos raconter

Car tous les discours

Seraient vains

Et ne suffiraient ?

Je te revois

Tout simplement

A des milliers de kilomètres

De chez moi

Incarnation de l'amour

Malgré la distance

Si près de moi

Et je sens à mes côtés

Si discrète et si vivante

A la fois ta présence.

Viens

Jeune fille

Viens donc pour

Cette chanson écouter :

Pourquoi

T'en es tu allée

Ce jour-là

Sans un mot

Sans une excuse

Pourquoi

N'as-tu voulu

Me comprendre

Me donner une dernière chance

Peut-être

Rien ne serait

De tout cela arrivé

Pourquoi

M as-tu abandonné

Sans une explication

Sans m'avoir laissé

Quelques minutes

Une heure

Des jours peut-être

Le temps de comprendre

Pourquoi ?...

Viens

Jeune fille

Viens donc pour

Cette chanson écouter :

Il était une fille

Qui croyait en la vie

Et voulait la sienne vivre

Sans entraves

Qui croyait en l'amour

Et voulait à tous le dispenser

Cette fille

C'était toi

Il était un garçon

Un garçon comme tous les autres

Et qui de tendresse avait soif

Ce garçon

C'était moi

Lorsque nous nous rencontrâmes

De toi et de moi

Nul ne sut lequel vers l'autre

Fit le premier pas

Mais nous avions la conviction

Que le monde nous appartenait

Nos joies et nos peines étaient communes

Et lorsque prit fin ce rêve

Et que chacun de son côté partit

De toi et de moi

Nul ne sut

Une fois de plus

Ce qui s'était passé.

Viens

Jeune fille

Viens donc pour

Cette chanson écouter :

Tu étais

Une gentille fille

Innocente

Au charme ensorcelant

Au rire si contagieux

Et l'amour à travers tes yeux

Se lisait

Le ciel chantait
La terre dansait
La nature était toute joie
Tu es venue à moi
De ta souple démarche
Un sourire aux lèvres
Tes pieds à peine
Le sol semblaient effleurer
Tu m'as de tes bras enlacé
Et sur mon front
Tu as déposé un petit
Un si petit mais si fort baiser
D'amour.
Viens
Jeune fille
Viens donc pour
Cette chanson écouter :
Faut-il qu'à l'univers
Et à l'espace
Fleur tropicale
Je le chante

Faut-il qu'aux cieux

Et qu'aux vents

Je le crie ?

Quand je t'aperçois

Le temps son cours

Semble suspendre

Quand je suis auprès de toi

Tous mes tourments s'estompent

Quand au lit

Le soir je m'en vais

C'est en pensée avec toi

Et quand au matin

Je m'éveille

Devant mes yeux

Ton doux visage se projette

Faut-il que sur la terre

Et sur l'eau

Fleur tropicale

Je l'écrive

Faut-il que sur les êtres

Et les choses

Je l'imprime ?

Viens

Jeune fille

Viens donc pour

Cette chanson écouter :

Que sont mes amours

Du temps passé devenues ?

Aujourd'hui je sais

Certaines sont devenues épouses

-La deuxième ou la troisième-

Prenant en patience leur mal

Et d'autres sont toujours là

S'essoufflant à la recherche

D'un paradis perdu

Il y en a qui sont devenues mères

-Après cinq ou six accouchements

Leur fraîcheur s'en est allée-

Et il y en a qui désespèrent de l'être

Après offrandes et sacrifices aux dieux de la fécondité

Mes amours du temps passé

Aujourd'hui je sais

Certaines roulent dans de rutilantes voitures

Un chauffeur est là pour les courses

Un boy est là pour les corvées

Une nourrice est là est pour les enfants

Et d'autres sont là

Comme avant

Elles vont au marché

Elles font la cuisine

Elles font la lessive…

Et moi –direz-vous-

Que suis-je dans tout cela devenu ?

Je reste désespérément

Un vieux jeune

Qui regrette le temps passé

Qui regrette ses amours du temps passé.

Viens

Jeune fille

Viens donc pour

Cette chanson écouter :

Je me souviens

De toi

D'un passage

-Il fut si bref ce passage-

Dans mon existence

Dans mon cœur cependant

Tu continues d'être

Je me souviens

Dans ma vie si calme

Tu as fait irruption

Et les gens m'avaient dit

Que c'était le coup de foudre

-Mais qu'importait pour moi ?-

Cela me suffisait de t'apercevoir

Et en silence je t'adorais

Craignant de t'aborder

Et le charme ainsi briser

Je me souviens

Des confidences murmurées aux copains

De mes rêves de l'époque

Et de bien d'autres choses encore

Mais toi

Tu me diras aujourd'hui

-Si tu t'en souviens encore-

Que cela

C'est le passé.

Viens

Jeune fille

Viens donc pour

Cette chanson écouter :

Où es-tu

Par ces moments

De grande tristesse ?

Un soir

Dans un accès de colère

Tu es partie

Me laissant dans le chagrin

Pas une fois

Tu ne t'es retournée

Pas une fois

Tu n'as réduit le rythme de tes pas

Que fais-tu

A présent

As-tu trouvé enfin

Le bonheur qu'auprès de moi

Tu n'as pu avoir ?

Comme je suis seul

Si seul

Avec mes pleurs

Ma douleur

Et mon vœu qu'un jour

Peut-être

Tu reviendras.

Viens

Jeune fille

Viens donc pour

Cette chanson écouter :

Comment oublier

Ces moments sublimes

Qu'ensemble nous avions vécus

Dans la tendre complicité de la nuit

Nos murmures et nos caresses

Et ce bonheur

Qui jamais ne semblait finir

Mais la tempête

Un jour

Brusquement a soufflé

Les gens ont dit

Que nous n'étions pas faits

L'un pour l'autre

La société nous a contraints

Chacun de son côté d'aller

Tu as pleuré pour moi

J'ai pleuré pour toi

Nous avons tout notre saoul

Pleuré

Il fallait se séparer cependant

Le cœur meurtri

Car nous n'avions pas le droit

-Ainsi en avait décidé la société-

De nous aimer.

Viens

Jeune fille

Viens donc pour

Cette chanson écouter :

Je t'ai aimée

Le sais-tu

Avec toute l'intensité

D'un cœur qui vraiment aime

Avec toute la sincérité

De l'âme en détresse

Qu'était la mienne

Mais toi

Tu ne m'as pas aimé

Je t'aime encore

Des jours et des nuits sans sommeil

Ta réponse à mon attente constituent

Car toi

Tu ne m'aimes point

Je t'aimerai demain

A un autre que moi

Tu donneras ton cœur

A un autre que moi

Tu offriras ton corps

Moi je saurai à ce moment

Que jamais

Tu ne m'aimeras

De ton existence alors

Je disparaitrai

Et sans laisser d'adresse

Je partirai.

Afrika Sangaré, de son vrai nom Mamadou Diallo Boubou Sangaré, est né en 1959 à Mainé-Soroa (République du Niger). Aujourd'hui à la retraite, il a servi dans plusieurs services de l'administration publique et collaboré avec des organes de la presse écrite privée de son pays. Il a publié *Chroniques du Mangari*, un recueil de nouvelles, en 2021 aux Nouvelles Editions du Sahel.

Printed by Books on Demand GmbH, Norderstedt / Germany